essentials

essentials liefern aktuelles Wissen in konzentrierter Form. Die Essenz dessen, worauf es als „State-of-the-Art" in der gegenwärtigen Fachdiskussion oder in der Praxis ankommt. *essentials* informieren schnell, unkompliziert und verständlich

- als Einführung in ein aktuelles Thema aus Ihrem Fachgebiet
- als Einstieg in ein für Sie noch unbekanntes Themenfeld
- als Einblick, um zum Thema mitreden zu können

Die Bücher in elektronischer und gedruckter Form bringen das Expertenwissen von Springer-Fachautoren kompakt zur Darstellung. Sie sind besonders für die Nutzung als eBook auf Tablet-PCs, eBook-Readern und Smartphones geeignet. *essentials:* Wissensbausteine aus den Wirtschafts-, Sozial- und Geisteswissenschaften, aus Technik und Naturwissenschaften sowie aus Medizin, Psychologie und Gesundheitsberufen. Von renommierten Autoren aller Springer-Verlagsmarken.

Weitere Bände in dieser Reihe http://www.springer.com/series/13088

Matthias Reckzügel

Moderation, Präsentation und freie Rede

Darauf kommt es an

Matthias Reckzügel
Schüttorf, Deutschland

ISSN 2197-6708   ISSN 2197-6716   (electronic)
essentials
ISBN 978-3-658-18061-4   ISBN 978-3-658-18062-1   (eBook)
DOI 10.1007/978-3-658-18062-1

Die Deutsche Nationalbibliothek verzeichnet diese Publikation in der Deutschen Nationalbibliografie; detaillierte bibliografische Daten sind im Internet über http://dnb.d-nb.de abrufbar.

Springer Vieweg
© Springer Fachmedien Wiesbaden GmbH 2017

Gedruckt auf säurefreiem und chlorfrei gebleichtem Papier

Springer Vieweg ist Teil von Springer Nature
Die eingetragene Gesellschaft ist Springer Fachmedien Wiesbaden GmbH
Die Anschrift der Gesellschaft ist: Abraham-Lincoln-Str. 46, 65189 Wiesbaden, Germany

Was Sie in diesem *essential* finden können

Sie erfahren, wie Sie

- Meetings richtig vorbereiten und die Gesprächsführung übernehmen,
- Tagungen und Konferenzen leiten und moderieren,
- Podiumsdiskussionen durchführen,
- Anregende Präsentationen halten,
- „Freie Reden" formulieren, die beim Publikum ankommen.

Vorwort

In diesem Ratgeber finden sie Tipps und Tricks, die auf eigenen Erfahrungen beruhen, die ich in Hunderten gehörten oder gehaltenen Vorträgen und Veranstaltungen gemacht habe. Übereinstimmungen mit vergleichbarer Literatur sind daher rein zufällig. Ein wichtiger Quell der Inspiration für gutes Verhalten bei Präsentationen und Moderationen ist auch die Vielzahl von Abschlussarbeiten, die ich begleiten durfte. Gerade die Abschlusspräsentation prägt einen bleibenden Eindruck, der leider nicht immer mit den möglicherweise positiven Erfahrungen während der Projektlaufzeit korreliert.

Es ist vielen Vortragenden unklar, wie wichtig eine gute Darstellung der Ergebnisse ist und dass diese nicht nur von der Qualität der angefertigten Arbeit abhängt. Im Gegenteil ist die Art und Weise der persönlichen Ausdrucksweise maßgeblich für den Erfolg der Präsentation oder Moderation. Und diese wiederum ist nur zum Teil von der Sprache und Rhetorik abhängig. Dass Moderation und Präsentation erst in der Kombination von Inhalten, Rhetorik, Wortschatz und persönlicher Präsenz zum Erfolg führen, bleibt vielfach unbeachtet. Und was für Studienabsolventen gilt, gilt umso mehr auch für die täglichen Präsentationen und Moderationen von Meetings usw.

Nutzen Sie ihre Chancen zur Verfeinerung ihrer Techniken und hinterlassen sie nicht nur einen bleibenden, sondern vor allem einen positiven und deutlichen Eindruck. Viel Spaß bei der Lektüre dieses Leitfadens und der damit einhergehenden Selbsteinschätzung.

Schüttorf, Deutschland   Matthias Reckzügel

Inhaltsverzeichnis

1 Warum dieser Leitfaden? 1

2 Einleitung 3

3 Projektgespräch – Jour fixe – Meeting 5

4 Moderation 9
  4.1 Tagung – Konferenz 9
    4.1.1 Eingehen auf das Thema der Tagung 10
    4.1.2 Berücksichtigung der Referenten 11
    4.1.3 Hilfsmittel 14
  4.2 Podiumsdiskussion 15
    4.2.1 Einbeziehung der Teilnehmer 18
    4.2.2 Umgang mit Störungen 20

5 Präsentation 23
  5.1 Ablauf einer Präsentation 23
  5.2 Gestaltung der Folien 27
    5.2.1 Text auf Folien 28
    5.2.2 Bilder auf Folien 29
    5.2.3 Animationen 29

6 Freie Rede 31

7 Fazit 33

8 Checklisten 35
  8.1 Tagung 35
  8.2 Podiumsdiskussion 36
  8.3 Präsentation 36
  8.4 Freie Rede 36

Über den Autor

Prof. Dr.-Ing. Matthias Reckzügel Als Professor für innovative Energiesysteme beschäftigt sich Herr Reckzügel im Wesentlichen mit Themen aus dem Bereich der Energietechnik und der Energieeffizienz. In der Umsetzung von Projekten wird ihm immer wieder vor Augen geführt, dass Effizienz nicht nur eine Frage der Technik ist. Genauso wesentlich für den Projekterfolg ist auch die Effizienz der Projektkommunikation bei Vermittlung und Präsentation der Inhalte. Die begleitenden Veranstaltungen und Tagungen fordern ebenfalls eine klare Herangehensweise.

Daher entwickelt Herr Reckzügel eigene Konzepte für die Effektivität von Besprechungen, Seminaren und Veranstaltungen. Er ist als Moderator bei Tagungen, Konferenzen, Besprechungen, Podiumsdiskussionen, Workshops, Konzerten usw. ein gefragter Partner.

Heute kann er im Hinblick auf die Durchführung von Seminaren und Moderationen auf umfangreiche Ausbildungen und Erfahrungen zurückblicken:

- Presse- und Öffentlichkeitsarbeit bei einem großen Energieversorger
- Planung und Durchführung von Weiterbildungsseminaren für unterschiedliche Zielgruppen (Studierende, LehrerInnen, JournalistInnen, Fachveranstaltungen von Berufsverbänden)
- Internationale Seminare aus Politik und Wirtschaft zu den Themen Energieversorgung und -technik
- Medientraining
- Betriebliche Aus- und Weiterbildungsmaßnahmen
- Führungs- und Gruppenprozesse

Neben technischen Lehrinhalten bietet er Vorlesungen über Organisation, Planung und Durchführung von Projekten an. Die Planung, Durchführung und Leitung eigener Veranstaltungen mit mehr als 120 Gästen gehört ebenfalls zu seinem Tätigkeitsgebiet.

moderationen.net
kontakt@prof-reckzuegel.org

Warum dieser Leitfaden? 1

„Was soll ich mit einem Leitfaden für Moderation, Präsentation und freier Rede?"
Veranstaltungen organisiere ich nicht – und moderieren werde ich so etwas auch
nie. „Ein Glück, dass ich das nicht muss." mag eine häufige Auffassung sein.

Hier wird aber völlig übersehen, was eine Moderation auch im Berufsalltag
oder bei Freizeitbetätigungen sein kann. Denn jede Besprechung, jeder Jour fixe,
alle regelmäßigen Projektkonsultationen mit internen Kollegen oder externen
Kunden oder Lieferanten müssen geleitet – und damit moderiert – werden.

Haben sie schon einmal an einer Besprechung teilgenommen, bei der sich niemand für die Leitung des Gespräches verantwortlich gefühlt hat?

Wie ist das Gespräch verlaufen? Welche Ergebnisse wurden erzielt?

Ach – Sie können sich gar nicht mehr erinnern? Besten Dank für die Bestäti-
gung. Jetzt wissen Sie es bereits: Moderation auch in diesen Fällen eine

- *wichtige,*
- *nicht zu vernachlässigende* und vor allem
- *nicht zu unterschätzende,* weil
- *anspruchsvolle* Aufgabe.

Als Projekt- oder Teilprojektleiter ist diese Aufgabe der Moderation natürlich nur
eine unter vielen. Deren gute und gewissenhafte Erledigung vereinfacht aber die
projekt- oder teaminterne Kommunikation um ein Vielfaches. Daher ist es loh-
nenswert, sich mit diesen Dingen zu befassen – es zahlt sich meines Erachtens
immer aus.

© Springer Fachmedien Wiesbaden GmbH 2017
M. Reckzügel, *Moderation, Präsentation und freie Rede,* essentials,
DOI 10.1007/978-3-658-18062-1_1

Einleitung 2

Im Berufsleben hat man sich inzwischen an die Herausforderung gewöhnt, bei Besprechungen, Vorstellungen usw. eine Präsentation zu halten. Das hat sich inzwischen auch bei den heute Studierenden durchgesetzt, sodass in der Regel nicht mehr lange nach Personen gesucht werden muss, die die Aufgabe der Präsentation von Versuchs- oder Projektergebnissen übernehmen. Und dabei hat sich die Erkenntnis durchgesetzt, dass es gerade bei Abschluss eines Projektes mit vielen Beteiligten wichtig ist, mit der Abschlusspräsentation zu glänzen, denn der letztendliche, bleibende Eindruck hängt doch von Inhalt und Umfang einer Präsentation ab.

Ist dem wirklich so? Nein – natürlich nicht! Na klar: Inhalt und Umfang sind wichtig, aber was macht eine Präsentation in Kern aus – was bleibt, wenn die vorbei ist? Beantworten Sie bitte diese Frage einmal für sich selbst, bevor Sie weiter lesen: Wann ist ein Vortrag, eine Rede oder eine Moderation „gut"?

Es hat sich herum gesprochen und die Erfahrung haben Sie sicher selbst auch gemacht: Eine Botschaft wird zu einem großen Teil über nonverbale, körperliche Kommunikation übermittelt. Das bedeutet, dass Ergebnis und Qualität einer Präsentation oder sonstiger Vorträge maßgeblich von der Art und Weise, *wie* die Inhalte vorgetragen werden, abhängen. Wäre das nicht so, dann wären Präsentationen mit ähnlichen Inhalt auch immer gleich spannend. Dass das nicht so ist, kennen viele aus ihren Erfahrungen von Tagungen und Kongressen.

Halten wir fest: Eine Präsentation, die von zwei unterschiedlichen Personen vorgetragen wird, hat auf die Zuhörer eine durchaus unterschiedliche Wirkung. Die Damen und Herren Vortragenden sind es, die hier die bleibende Erinnerung prägen. Wenn sie bereits an Tagungen mit mehreren unterschiedlichen Präsentationen teilgenommen haben, wissen sie, was ich meine. So sind wir uns einig, dass Präsentationen wesentlich von der Art des Vortrages abhängen, die Summe aller Vorträge prägt dann den Gesamteindruck einer Tagung.

© Springer Fachmedien Wiesbaden GmbH 2017
M. Reckzügel, *Moderation, Präsentation und freie Rede,* essentials,
DOI 10.1007/978-3-658-18062-1_2 3

Was für einzelne Bausteine einer ganzen Tagung gilt, gilt auch und vielmehr für den Ablauf der Veranstaltung. Auch wenn die Inhalte und die Art der Veranstaltung nicht vom Moderator ins Leben gerufen wurden, so ist dieser doch maßgeblich am Erfolg oder Misserfolg beteiligt. Und nicht nur das. Ich gehe so weit zu behaupten, das der Moderator auch einen Teil der Verantwortung für das Gelingen „seiner" Veranstaltung trägt. Die Nennung der Referenten und die Leitung der anschließenden Fragerunde ist eine Sache. Die Einhaltung des Zeitplanes eine andere, die meines Erachtens aber ebenso zur Verantwortung des Moderators gehört. Meine Klienten schätzen das, meine (Moderator-) Kollegen sind da unterschiedlicher Auffassung. Wenn ein Referent sein Zeitfenster ausdehnt, muss dem das mitgeteilt werden, nicht immer haben die Redner die Uhr im Auge – und das ist noch nicht alles, soll aber an dieser Stelle erst einmal genügen. Wichtig ist erst einmal, dass wir erkennen:

▶   Das Ganze ist mehr als die Summe seiner Teile ☺.

Es gibt viele Projekte, die noch dazu in ihren Inhalten extrem unterschiedlich sind. Ob der Bau eines Gebäudes oder die Programmierung einer umfangreichen Software: So unterschiedlich diese Aufgaben sein mögen folgt deren Durchführung doch ähnlichen Gesetzen. Allen Projekten ist beispielsweise gemeinsam, dass sie ein bestimmtes Ziel verfolgen – sonst gäbe es kein Projekt. Wie Ziele formuliert werden müssen, um auch als solche zu gelten, wird in vielen Projekthandbüchern vermittelt und soll hier nicht weiter vertieft werden. Gleiches gilt für die Besprechungen: für die Leitung eines Gespräches muss klar sein, warum das Treffen, das Meeting oder die Sitzung stattfindet, also welches Ziel mit diesem Termin verfolgt wird. Die Gefahr bei regelmäßigen Treffen liegt darin, dass sie aus einem einzigen Grund stattfinden: aus Gewohnheit. Und dann werden in der Regel weder Fortschritte noch sonstige Ergebnisse erzielt und diese Gespräche sind dann vor allem eines: Zeitverschwendung. Und da Zeit bekanntlich Geld ist ...

Die Vorbereitung eines Meetings beginnt daher schon zu einem frühen Zeitpunkt, (aller)spätestens jedoch mit der Einladung. Dass eine solche Einladung den Ort und den Beginn klar ausweist dürfte sich herum gesprochen haben. Wichtig ist neben der Angabe der Dauer des Treffens auch, dass folgende Dinge geklärt werden:

- **Warum findet das Treffen statt** (Projekt, Gruppenleitertreffen, Tagung einer Kommission, eines Vorstands, usw.)? Dadurch wird der Kontext klar, in dessen Rahmen man sich trifft. Das ist vor allem dann wichtig, wenn die Teilnehmer in unterschiedlichen Projekten o. Ä. aktiv sind.
- **Was soll besprochen werden?** Dazu ist eine Liste der geplanten TOPs (TOP: TagesOrdnungsPunkt) aufzustellen, die ebenfalls Bestandteil der Einladung ist.

© Springer Fachmedien Wiesbaden GmbH 2017   5
M. Reckzügel, *Moderation, Präsentation und freie Rede*, essentials,
DOI 10.1007/978-3-658-18062-1_3

Diese führt üblicherweise die zu behandelnden Themen auf und zeigt damit auch die Dringlichkeit einiger Punkte auf. Diese Liste beginnt mit den Genehmigungen des letzten Protokolls (wenn es das gibt) sowie der geplanten Tagesordnung und schließt immer mit dem Punkt „Verschiedenes" ab.

- **Wer nimmt teil?** Für die individuelle Vorbereitung ist dieser Punkt ebenfalls wichtig, vor allem dann, wenn der Kreis der Teilnehmer variabel ist.

Aus diesen Inhalten wird deutlich, unter welchen Bedingungen das Treffen einberufen wurde, im Rahmen von regelmäßigen Projekttreffen oder aus einem aktuellen Anlass heraus. Leider wird bei regelmäßigen Treffen häufig auf die Einladung verzichtet, weil ja jedem klar ist, wann und wo die Meetings stattfinden. Auch hier lehrt die Erfahrung, dass solche „Vereinfachungen" die Sache meistens komplizierter gestalten als nötig. Eine Einladung gibt Aufschluss über neue Entwicklungen und gibt den Teilnehmern die Möglichkeit, sich gezielt auf etwaige Fragestellungen vorzubereiten. Durch die Darstellung der TOPs können auch eigene Fragestellungen formuliert werden, anderseits kann zu diesem Zeitpunkt noch Einfluss auf Inhalt und Umfang der Listenpunkte genommen werden. Die vermeintliche Vereinfachung durch Unterlassung stellt sich meistens als unnötige Verkomplizierung des Gesprächs heraus. Die Verantwortung für die Abarbeitung der TOPs und die Einhaltung der geplanten Gesprächsdauer liegt bei der Person, die das Treffen durch den Versandt der Einladung einberufen hat. Damit ist der Einladende auch der Moderator.

Begrüßung und pünktlicher Beginn sind selbstverständlich, eine weitere Maßnahme zu Beginn der Besprechung ist auch die Festlegung eines Protokollführers. Das wird schon mal vergessen und nach der Hälfte der geplanten Zeit taucht die Frage plötzlich aus heiterem Himmel auf. Dann sind natürlich auch die bis dahin erzielen Ergebnisse und Übereinkünfte in Vergessenheit geraten. In einigen Runden schleicht sich die Unart ein, nicht nur auf die Einladung zu verzichten (s. o.) sondern konsequenterweise auch gleich das Protokoll zu ignorieren – ebenfalls aus nicht nachvollziehbaren Gründen.

Es gilt: Einladung und Protokoll sind wesentliche Bestandteile der Besprechung und vor allem auch der Dokumentation. Ansonsten läuft man Gefahr, dass wichtige Absprachen, Vereinbarungen oder Ergebnisse auf der Strecke bleiben. Das Protokoll ist anhand der TOPs aufzubauen und enthält neben der Beschreibung der Vereinbarungen den Namen der für die Umsetzung verantwortlichen Person und einen verbindlichen Termin, bis zu dem die Umsetzung zu erfolgen hat. Nur dann kann man den Fortschritt auch überprüfen. Oft – viel zu oft – liegen Protokolle vor, in denen es sinngemäß heißt: „Die Materialien für Arbeitspaket

3 sind zu bestellen." besser noch: „Die Beschaffung der Materialien für AP 3 kann eingeleitet werden." Bis wann? Von wem? – Fehlanzeige. Was ist die Konsequenz? Keiner fühlt sich verantwortlich, eine termingetreue Abwicklung ist ohne Termin nicht möglich – oder im Umkehrschluss und meist der Grund für die fehlenden Zeitangaben: ohne Termin ist man immer pünktlich. Das ist natürlich nicht zielführend, daher beinhaltet die Moderation auch die Verantwortung, solche Punkte im Gespräch zu erörtern und festzuschreiben. Damit sind die formalen Gesichtspunkte wie Einladung, Verantwortlichkeiten und Protokoll geklärt.

Der Leitung eines Meetings – der Moderation – obliegen noch weitere Aufgaben. Eine erste Schwierigkeit besteht darin, schon in der Einladung die Dauer des Treffens festzuschreiben. Eine weitere darin, diese Zeit auch einzuhalten und trotzdem alle Tagesordnungspunkte behandelt zu haben.

Bei der Diskussion einzelner TOPs kann man unterschiedliche Verhaltensweisen erleben, die nicht immer ergebnisorientiert sind. Nach anfänglichem Austausch von Ideen und Argumenten findet irgendwann keine inhaltliche Diskussion und keine Entwicklung mehr statt.

Dieser Zustand lässt sich wie folgt zusammen fassen:

▶   **Es wurde zwar alles gesagt, aber nicht von jedem!**

Ein extrem zeitfressender und in keiner Weise nutzbringender Zustand. Wenn also keine substanziellen Beiträge mehr erkennbar sind, muss der Moderator einschreiten und dem dann eingetretenen Palaver ein Ende bereiten. Das setzt zum einen die Erkenntnis voraus, dass das Meiste inhaltlich interessante gesagt wurde, andererseits erfordert ein solches Verhalten auch den Mut, tätig zu werden.

Hier kann ich nur dazu ermutigen: lieber einmal zu früh als permanent zu spät einschreiten. Langfristig ist die konsequente Beendigung inhaltsleerer „Diskussionen" ein durchaus positives Markenzeichen guter Gesprächsmoderatoren.

Das Umgekehrte gilt übrigens auch und ist immer dann besonders schmerzhaft, wenn erkennbar alles – aber auch wirklich ALLES – gesagt wurde und dann vom Moderator mit der Frage nach weiteren Fragen die Aufforderung zur Fortsetzung kommt – auch wenn das offensichtlich nicht der Fall sein kann.

Denken Sie an vergangene Gespräche und das Verhalten der Verantwortlichen. Fällt Ihnen in Nachhinein etwas auf? Eine wichtige Aufgabe des Moderators ist demgemäß die Steuerung der Diskussion, die Zusammenfassung des Ergebnisses für das Protokoll und der Übergang zum nächsten Punkt auf der Tagesordnung. Es wird sie überraschen, wie schnell und effektiv Besprechungen sein können, wenn diese kompetent und zielorientiert geleitet werden.

Nehmen sie sich dieser Vorgehensweise an:
- Einladung mit Ort, Zeit, Dauer, Beteiligten, TOPs
- Ernennung der Protokollführrers
- Genehmigung des letzten Protokolls und der Tagesordnung
- Darstellung der TOPs entsprechend der in der Liste aufgeführten Reihenfolge (am Ende „Verschiedenes")
- Diskussion der einzelnen Punkte und
- Zusammenfassung der Ergebnisse und der offenen Fragen die zu klären sind: LOP (Liste Offener Punkte)
- Erstellung eines Protokolls mit der LOP und den damit einher gehenden Terminen und Verantwortlichkeiten.
- Einhaltung der zur Verfügung stehenden Zeit. (Dafür ist eine gründliche Vorbereitung derjenigen, die die einzelnen TOPs vorstellen, ebenfalls eine wichtige Voraussetzung, wenn diese Aufgabe nicht dem Moderator überlassen wird.)
- Dazu gehört unbedingt das Eingreifen in ausufernde Diskussionen.

Moderation

4

Moderation bedeutet an dieser Stelle, wie bei dem Meeting, zunächst die Leitung der Veranstaltung. Es geht sicherlich auch darum, die Abfolge der Themen und der Referenten zu präsentieren und in das der Tagung zugrunde liegende Gesamtthema einzubetten. Das ist allerdings nur ein Teilaspekt. Die leider oft gemachte Erfahrung lehrt, dass viele Moderatoren der Meinung sind, ihren Job mit der Präsentation der Reihenfolge bereits erledigt zu haben. Eine krasse Fehleinschätzung, denn es gibt weitere Aufgaben und Verantwortungen, die in den nächsten Kapiteln behandelt werden.

Wichtig ist zu Beginn einer Diskussion oder Tagung, dass Sie von Anfang an das Heft in der Hand haben. In der Regel führe ich als Moderator in eine Veranstaltung ein, indem ich das Thema hervorhebe, kurz den Ablauf erläutere und auch organisatorische Hinweise gebe, bevor ich mich selbst vorstelle. Dann wird deutlich, dass der Moderator auch als Ansprechpartner zur Verfügung steht. Dieser Einstieg erfolgt als freie Rede und wird in Kap. 6 behandelt.

4.1 Tagung – Konferenz

In der Regel ist es leider so, dass der Moderator erst eingeladen wird, wenn das Konzept einer Tagung bereits in Stein gemeißelt ist. Dadurch entgeht dem Veranstalter oft die Chance, von den Erfahrungen des Moderators schon im Planungsstadium zu profitieren. Insbesondere dann, wenn der Moderator vom Fach ist, oder vergleichbare Veranstaltungen begleitet hat. Anderseits entgeht dem Moderator so die Möglichkeit, auf einzelne Aspekte der Veranstaltung hin zu weisen. Die Themen sind ebenso wie die Referenten bereits weit vorher geplant worden, die Reihenfolge der Präsentationen ist aber manchmal noch variabel. Hier besteht die

© Springer Fachmedien Wiesbaden GmbH 2017
M. Reckzügel, *Moderation, Präsentation und freie Rede*, essentials,
DOI 10.1007/978-3-658-18062-1_4

Möglichkeit, einen roten Faden in die Thematik zu spinnen, der nicht nur durch inhaltliche Aspekte sondern auch durch organisatorische Gründe getrieben ist. Hier spielen, wie bereits erwähnt, Erfahrungswerte eine wesentliche Rolle.

Ein guter Moderator kommt natürlich mit allen Randbedingungen zurecht, sollte aber Optimierungspotenzial aufzeigen, wenn dieses aus seiner Sicht wünschenswert oder gar erforderlich ist. Dazu muss zunächst klar sein, warum eine Tagung, Konferenz, Vortragsreihe o. ä. überhaupt stattfindet. Die grundlegenden Fragestellungen dazu lauten:

- Welche Themengebiete und offenen Fragen liegen der Veranstaltung zugrunde?
- Warum sind gerade diese Referenten eingeladen worden?
- Was haben die Vortragenden zu der Thematik beizusteuern?
- Ist den Referenten klar, in welchem Umfeld deren Vortrag oder Präsentation stattfindet? (Treffen sie auf Gegner oder Befürworter einer Thematik? Das ist z. B. bei der Gen- oder Kerntechnik und bei sozial-politischen Themen ein wesentlicher Punkt)
- Welche Antworten sollen die Teilnehmer mit nach Hause nehmen?

Das ist insbesondere auch für die Vorbereitung von einzelnen Fragen wichtig, wenn der Vortrag vielleicht nicht das gehalten hat, was der Titel eigentlich vermuten ließ.

4.1.1   Eingehen auf das Thema der Tagung

Warum ist an Sie die Moderation einer Veranstaltung heran getragen worden? Oft ist es die fachliche Nähe, die Mitgliedschaft in einem Projektteam oder gar die Projektleitung. Aber auch Team- bzw. Abteilungsleiter werden häufig aufgefordert, solche Aufgaben zu übernehmen. Insofern ist das in der Regel ein *fachliches* Heimspiel.

Haben sie eine gute Moderation an unterschiedlichen Stellen bewiesen, werden die Anfragen häufiger, sodass Sie auch unbekanntes Terrain betreten werden. Dann ist es umso wichtiger, im Vorhinein abzuschätzen, ob die zur Vorbereitung verfügbare Zeit ausreicht, um sich in das Thema einzuarbeiten. Wenn das nicht der Fall ist, bieten sich zwei Auswege an:

1. absagen

   oder

2. die Möglichkeit zur Verschiebung der Veranstaltung besprechen.

Eine weit verbreitete aber völlig falsche Einstellung ist, dass die Moderation sich lediglich darauf beschränkt, das Rederecht zu verwalten und den Zeitplan einzuhalten. Das sind Dinge, die selbstverständlich dazu gehören, jedoch nebenbei mit erledigt werden. Leider musste ich das bei vielen Veranstaltungen erleben, bei denen zwar bekannte aber fachfremde Moderatoren eingeladen wurden, die sich auch nicht vorbereitet haben. Deren Beitrag beschränkte sich dann auf die mehrfache Wiederholung des Satzes „Als nächstes hören wir …". Was dann folgte, waren Name und Position des nächsten Redners. Das geht aber aus dem Programm der Tagung hervor, eine Moderation ist bei einem solchen Verständnis nicht nur ärgerlich für alle Beteiligten sondern auch überflüssig.

Die richtige Auffassung ist aber die:

> ▶ Die Moderation ist ein gestaltendes und tragendes Element und eine Bereicherung für die in Rede stehenden Themen.

Daher ist die gute Vorbereitung ein wesentliches Merkmal einer gelungenen Moderation. Nur: Was bedeutet in diesem Zusammenhang „gute Vorbereitung"

Selbstverständlich gehört eine Einarbeitung in das Thema dazu. Dazu bleibt Ihnen nichts anderes übrig, als Veröffentlichungen, relevante Web-Sites, Zeitungs- oder Magazinartikel zu lesen und die wesentlichen Merkmale heraus zu arbeiten. Das braucht seine Zeit. Die ist aber im Sinne einer inhaltlich anspruchsvollen Moderation einer Fachveranstaltung gut investiert. Natürlich wird man dadurch nicht umgehend selbst zum Experten – kann aber „mitreden" und vor allem: Impulse setzen. Das ist natürlich einfacher, wenn bereits Erfahrungen zum geplanten Themenschwerpunkt vorliegen. Diese Erfahrung kann einerseits darin bestehen, dass der Moderator ebenfalls in dem Themenfeld arbeitet oder andererseits für unterschiedliche Tagungen zu ähnlichen Themen verantwortlich war.

Eine wichtige Eingrenzung des Themas besteht zum Beispiel hierin:

4.1.2 Berücksichtigung der Referenten

Die Kenntnis dieses Personenkreises grenzt die relevanten Fragestellungen deutlich ein. Zunächst ist die Frage zu klären, warum diejenigen Personen überhaupt eingeladen worden sind. Folgende Gründe können dafür ausschlaggebend sein:

- Besteht schon eine langfristige Kooperation mit ihnen?
- Ragt die Arbeit in besonderer Weise aus der Masse heraus? Wenn ja – wodurch?
- Hat der Veranstalter bereits an andere Stelle gute Erfahrungen mit den Referenten gemacht? Wann und in welchem thematischen Umfeld?
- Was können die Referenten zu dem in der Tagung behandelten Thema beisteuern – oder vertreten diese untereinander gegenteilige Standpunkte?

In der Regel gibt es Arbeiten der Damen und Herren, die für eine Vorbereitung heran gezogen werden können. An dieser Stelle gilt es heraus zu finden, welche Aussagen der einzelnen Referenten zu erwarten sind, hier kommt auch der o. g. Rücksprache mit dem Veranstalter eine wichtige Bedeutung zu. Die Reihenfolge der Beiträge kann Aufschluss über die zentrale Aussage der gesamten Veranstaltung geben.

Aufgabe des Moderators ist nun, die Reihenfolge bei der Ankündigung der Beiträge zu berücksichtigen. Ist keine zielführende Reihenfolge geplant, sollten Sie im Hinblick auf die zu erwartenden Inhalte Einfluss auf die Abfolge nehmen – sofern das noch möglich und sinnvoll ist. Dadurch kann zum Beispiel die technische Entwicklung nachvollzogen werden oder eine mögliche vorhandene chronologische Entwicklung gezeigt werden. Für Sie ist es ein wesentlicher Vorteil, wenn es gelingt, einen „roten Faden" durch die Veranstaltung zu legen. Woran sich dieser schlussendlich orientiert, ist meist von untergeordneter Bedeutung. Wichtig ist, dass die Besucher den Eindruck haben, dass die Tagung „läuft wie geschmiert".

Wenn ein Vortrag an anderer Stelle schon einmal gehalten wurde, besteht für Sie sogar die Möglichkeit, diesen schon einmal zu sichten und in den Kontext der Veranstaltung zu legen. Wichtig ist auch zu wissen, unter welcher Fragestellung der Vortrag schon einmal gehalten wurde. Oft gibt es auch Berichte o. Ä., die eine Bewertung des Auditoriums wiedergeben oder – noch besser – eine anschließende Diskussion beschreiben. In solchen Fällen ist der Aufwand zur Vorbereitung zwar nicht weniger aufwendig, aber die zu erwartende Aussage oder die Reaktionen darauf können bereits in die Planung implementiert werden. Insbesondere ergibt sich daraus die Möglichkeit, eigene Fragen im Anschluss an den Vortrag zu formulieren, wenn eine kurze Fragerunde gewünscht ist.

Es ist für die Referenten immer schade, mit den Worten „Dann haben sie wohl alles gut erklärt" vom Rednerpult entlassen zu werden. Hier ist dann der Moderator gefragt, den ersten Schritt zu tun. Die Erfahrung lehrt, dass sich dann auch einzelne Personen aus der Zuhörerschaft in die Diskussion einbringen.

Hier also noch einmal einige Fragestellungen zur Vorbereitung:
- Wurde der Vortrag an anderer Stelle schon einmal gehalten?
  - Wo und unter welcher Fragestellung?
  - Wann? (Wie alt sind die Inhalte)
  - Welche zentralen Aussagen haben sich daraus ergeben und welche sind zu jetzt erwarten?
  - Gibt es Zitate des Referenten, die die Aussage des Vortrages untermauern oder einen gegenteiligen Aspekt behandeln?
  - Was erwartet der Veranstalter von dem Referenten?
  - Ergibt sich im Zusammenspiel mit dem Vorgänger oder Nachfolger ein Spannungsfeld? (Werden Aussagen bestätigt oder Konterkariert?)
  - Welche Zielgruppe soll bedient werden? Wichtig für weiterführende Fragen im Hinblick auf technische, wirtschaftliche oder politisch-gesellschaftliche Punkte.
  - Welcher Leitfaden liegt der Veranstaltung zugrunde? Bzw.: Welche Message soll überbracht werden?

Diese Fragestellungen eignen sich einerseits gut zur Erstellung einer eigenen Frageliste, andererseits ermöglichen diese Punkte eine Einarbeitung in das Thema und eine Einschätzung des Referenten. Es ist klar, dass die tatsächliche Moderation sich nur an diesen Leitplanken orientieren kann. Eine Veranstaltung wirkt sehr schnell statisch und langweilig, wenn man sich nur an die notierten Informationen und Fragestellungen hält.

Leben kommt erst dann in die Runde, wenn das Publikum erkennt, dass der Moderator zum einen die Rolle des „Major domus" übernimmt, andererseits aber auch „einer von uns" ist, dem auch Fragen ins Gesicht geschrieben stehen, wenn der Vortrag kompliziert war. Oder einer der mit lacht, wenn der Referent einer der humorvolleren ist – ja, auch die gibt es wirklich. Seien Sie offen und vor allem auch während der Veranstaltung kreativ, neugierig, mit dem Herzen dabei. Oft zeigen die Referenten Gegebenheiten auf, die einem selber in anderem Kontext auch schon passiert sind. Dann können die bei der Moderation auch eingebracht werden – wenn die nicht ausufern. Insbesondere erzähle ich gerne Anekdoten aus meinem persönlichen oder beruflichen Umfeld, wenn die zum Thema passen.

Meine Erfahrung zeigt, dass eine gute Vorbereitung im Hinblick auf Themen, Referenten und mögliche Fragestellungen eine wichtige Grundlage für eine gelungene Moderation ist. Erfahrungen aus unterschiedlichen Veranstaltungen sind natürlich ein wichtiger Fundus für Fragen und Informationen, die im Laufe der Zeit immer besser integriert werden können. Das Salz in der Suppe ist alles in allem der persönliche Beitrag, den der Moderator liefert. Seien es Beispiele, die zum gesagten passen, oder – unter Umständen noch besser – eher das Gegenteil dessen untermauern, was gerade als unumstößliche Wahrheit verkauft wurde. Das setzt die ständige Präsenz des Moderatos voraus, gerade, wenn Referenten und Vorträge vorher nicht bekannt sind. Hören Sie zu, bauen sie Brücken zwischen den Vorträgen. Seien Sie Zahnrad im Getriebe und nicht nur das Schmieröl.

Zuhören und Brücken bauen – das geht nur, wenn die Vorbereitung VOR der Veranstaltung bereits umfassend war und nicht währenddessen, im Zuge der laufenden Beiträge, nachgeholt, wiederholt oder vertieft werden muss. Dann kann man sich auf die Vorträge konzentrieren und zwischendurch – also „on the Job" der Moderation einen ganz persönlichen Stempel aufdrücken. Hier liegt die wahre Herausforderung und der Wert der Erfahrung und der persönlichen Präsenz.

4.1.3 Hilfsmittel

Bei allen sich bietenden Gelegenheiten, bei denen eine Moderation nötig ist, fällt inzwischen auf, dass die Damen und Herren in der überwiegenden Zahl der Fälle mit Kartei- oder besser: Moderationskarten ausgestattet sind. Die Rückseite ist dann mit dem Logo des Veranstalters ausgestattet oder zeigt das Logo des Moderators, seiner Agentur o. Ä.

Das ist in diesem Falle nicht nur legitim, sondern bisweilen sogar dringend geboten. Wie bereits erwähnt, sind viele der Themen, mit denen man bei einer fachfremden Moderation konfrontiert wird, neu oder nur wenig geläufig. Diese Karten sind dann sehr gut dazu geeignet, den Moderator als „extrakorporales Gedächtnis" zu unterstützen. Üblicherweise enthalten die Karten Stichpunkte zu den involvierten Personen bzw. zu den Themen, die im Vortrag oder der Diskussion zu erwarten sind. Darüber hinaus bieten diese Karten die Gelegenheit, Notizen zu einem laufenden Vortrag zu erfassen, die beispielsweise für die Anmoderation der nächsten Präsentation oder des nächsten Gastes wichtig oder originell sind. Noch dazu kann man die Notizen an einer Stelle niederschreiben, an der man diese im Bedarfsfall auch wieder findet.

Eines dürfen diese Karten allerdings nicht enthalten, und wenn doch, dann sollte das auch nur als Gedächtnisstütze fungieren: Niemals sollten diese Karten

1:1 abgelesen werden – mit einer Ausnahme: beim Vorlesen von Zitaten. Ansonsten läuft man Gefahr, den Kontakt zum Publikum zu verlieren – den so wichtigen Blickkontakt. Also: Gedächtnisstütze ja – Vorlesen Nein.

Bei Moderationen sind diese Karten ein sinnvolles und etabliertes Hilfsmittel, ebenso wie bei Podiumsdiskussionen. Bei Präsentationen gilt jedoch etwas gänzlich anderes, s. Abschn. 5.1.

4.2   Podiumsdiskussion

Auch hier gilt, dass die Klärung des Themas der Tagung bzw. Veranstaltung oberste Priorität hat, gefolgt von der Frage, wer auf dem Podium sitzt. Das hat der Moderator umgehend zu klären. Die Antwort darauf entscheidet nicht zuletzt auch darüber, ob der Aufforderung zur Moderation überhaupt Folge geleistet werden kann. Kennt man die Personen persönlich? Geht den Damen und Herren bereits ein Ruf voraus, der erahnen lässt, wohin die Reise geht – z. B. Politiker? Inwieweit hat der Moderator dann überhaupt eine Chance, die Veranstaltung zu gestalten? Auch hier ist natürlich wichtig, die Absicht bzw. Zielsetzung der Veranstaltung zu hinterfragen. Es kann sein, dass die Message, die im Rahmen der Veranstaltung vermittelt werden soll, im Vorhinein bereits feststeht – Überraschungen sind dann selten erwünscht.

Gerade bei Veranstaltungen dieser Art ist eine gründliche und umfassende Vorbereitung für eine erfolgreiche Moderation DIE zentrale Voraussetzung. Namen, Funktionen und Meinungen der Gäste sind klar – das ist im Wesentlichen ja die Voraussetzung für eine Besetzung des Podiums. Zu einer guten Vorbereitung gehört dann die Information des Moderators durch den Veranstalter. Warum wurden gerade diese Personen eingeladen? Welche Äußerungen haben die Gäste zum Thema der Diskussion in der Vergangenheit verlauten lassen? Oder – besser noch – hat sich diese Aussage im Laufe der Zeit ins Gegenteil verkehrt?

Das sind dann gute Ansätze für Fragen in die ein oder andere Richtung, gerade auch dann, wenn die Personen nicht persönlich bekannt sind. Im Rahmen muss dem Moderator klar werden:

- Warum findet die Diskussion überhaupt statt?
- Welche Botschaft soll am Ende beim Publikum hängen bleiben?
- Welche Zielgruppe wird mit dem Thema angesprochen?
- Wer wird als Besucher erwartet bzw.:
- Ist bekannt, wer kommen wird, gibt es die Pflicht zur Anmeldung?

Podiumsdiskussionen sind die Krönung der Moderatorentätigkeit. Sie verlangen einerseits eine substanzielle Vorbereitung mit der entsprechenden Einarbeitung in das Thema. Anderseits haben diese Diskussionen auch das Potenzial, in unterschiedliche Richtungen zu gehen und sich vom eigentlichen Thema zu entfernen. Die Festlegung und Einhaltung der Richtung eines solchen Gespräches wird häufig leider nur zu Beginn der Runde besprochen. Dabei wird dann übersehen, dass der Grundsatz zur Führung einer Gruppe – dass nämlich irgendeine Führung besser ist als gar keine – auch für Gesprächsrunden gilt.

Ein „laissez faire" ist keine Alternative bei der Moderation und Leitung einer Diskussionsrunde. Oder kurz: die Verantwortung für den Aufenthalt zwischen den inhaltlichen, persönlichen und moralisch-ethischen Leitplanken ist zentrale Aufgabe des Moderators.

Zwei grundlegende Verfahrensweisen sind bei diesen Diskussionen zu beobachten:

▶   „aus der Nase ziehen"

Wenn die Diskussion nicht in Gang kommt oder z. B. nach der Hälfte der dafür vorgesehenen Zeit ins Stocken gerät, muss der Moderator diese wieder anschieben. Das kann nur gelingen, wenn bei der Vorbereitung teilnehmerspezifische, fachliche Fragen formuliert wurden. Diese Fragen sind in der Regel aber nur der „Plan B", jedoch für „Notfälle" extrem wichtig. Außerdem dienen diese Fragen auch der eigenen Vorbereitung auf das Thema. Allein die Fähigkeit, diese formulieren zu können, setzt die Beschäftigung mit dem thematischen und persönlichen Umfeld voraus. Derart vorbereitete Fragen haben aber auch einen entscheidenden Nachteil: Sie wirken, zum falschen Zeitpunkt eingebracht, statisch, sind meistens nicht dem Verlauf des Gespräches angepasst oder schweifen vom gerade diskutierten Thema ab. Insofern sind diese Fragen nur dann einzusetzen, wenn das Gespräch hakt oder auf das eigentliche Kernthema zurück geführt werden muss. Es kommt vor, dass viele solcher Fragen zu Beginn der Veranstaltung zusammen gestellt wurden, dann aber im Verlauf der Diskussion nicht eine einzige zum Einsatz kommt. Das ist zum Beispiel dann der Fall, wenn die Diskussionsteilnehmer selbst genug Themen liefern, die der Moderator nur noch ins laufende Gespräch einweben muss oder für die Fortführung in die Fragenliste übernimmt. Für den Moderator bedeutet das eine ständige Hör- und Auffassungsbereitschaft. Die Diskussion kann nur dann lebhaft gestaltet werden, wenn die Aspekte und Argumente, die im Laufe des Gesprächs ans Tageslicht kommen, für eine weiterführende Diskussion genutzt werden. Gerade wenn Personen beteiligt sind, die sich durch eine gegensätzliche Meinung zum in Rede stehenden Thema auszeichnen, haben Sie Glück.

Dann tritt der zweite Fall auf:

▶ **Das Gespräch beschleunigt sich selbst – es eskaliert**

Auch hier ist die Moderation eine wichtige Tätigkeit, diesmal aber in die andere Richtung: den Ablauf in die gewünschten Bahnen zu lenken und ein Ausufern der Diskussion zu vermeiden. Jetzt kommt es darauf an, die Redeanteile gerecht zu verteilen – aber nur eine Zeit lang. Mir fällt immer – ob selbst- oder fremdmoderiert, auf, dass bei einer solchen Konstellation nur noch wenige Teilnehmer am Gespräch beteiligt sind. Leider sind viele Moderatoren dann dermaßen glücklich über ein laufendes Gespräch, dass sie eine Unterbrechung hin zum „roten Faden" zugunsten des lebhaften Ablaufes einfach unterlassen. Das ist in Grenzen auch gut. Die zeitliche Begrenzung derartiger Eskapaden ist aber nötig, der Zeitraum hängt vom Stand der Diskussion, der Zahl weiterer Teilnehmer usw. ab. Hier kommt es auf das nötige Fingerspitzengefühl an. Grundsätzlich beleben gegensätzliche inhaltliche Positionen eine Podiumsdiskussion, darauf kann und sollte schon bei der Besetzung der Runde geachtet werden.

Zusammenfassend

a) ist eine gute Frageliste für jeden (!) Teilnehmer anzufertigen.
b) sind die im Gespräch auftauchenden Themen aufzufassen und ggf. zu vertiefen.

Sie werden vielleicht Diskussionsrunden erlebt haben, in denen der Moderator lediglich die vorformulierten oder – schlimmer noch – bereits abgesprochenen Fragen durchgegangen ist. Eine Diskussion findet dann nicht satt, lediglich der Vortrag unterschiedlicher Meinungen. Für eine gute Diskussion kann das lediglich ein Einstieg sein.

In der ersten Runde sind die Teilnehmer noch zurückhaltend, z. B. wenn sie sich untereinander nicht kennen. Oft sind die Protagonisten auch dem Publikum nicht im Detail bekannt. Die Aufgabe des Moderators ist zuerst die Vorstellung der Podiumsteilnehmer. Das betrifft natürlich deren Namen, aber auch den Grund für deren Anwesenheit (Institut, Bürgerinitiative, beruflicher Hintergrund, Vorarbeiten/Publikationen zum Thema, usw. usf.). Im Rahmen einer ersten Fragerunde wird dieser Sachverhalt noch einmal durch die Gesprächspartner selbst verdeutlicht. Die Frage dazu kann bereits kritisch formuliert werden, um die Personen etwas „aus der Reserve" zu locken. Dass jeder in der ersten, jedoch spätestens in der zweiten Runde eine Aussage und damit den eigenen Standpunkt platzieren kann, ist maßgeblich für den weiteren Verlauf der Diskussion. Denn wer weder vorgestellt wurde, noch bereits einen Beitrag leisten konnte, der wird sich auch nicht in ein laufendes Gespräch einbringen oder einmischen. Die Zuhörer fragen sich dann höchstens, wer hier die Frechheit besitzt, … Für einen geordneten Ablauf hat sich dieser Start bestens bewährt. Am Ende kann eine letzte Runde mit einem zusammenfassenden Statement abgefragt werden. Ein finales Fazit des Moderators beschließt dann die Runde.

Die Moderation einer Podiumsdiskussion unterscheidet sich ganz erheblich von der Moderation einer Tagung, selbst wenn dort Fragen nach den Vorträgen zugelassen werden. Eine Podiumsdiskussion zu moderieren, ist sehr viel sportlicher: plötzliche Wendungen, persönliche Betroffenheit, Verletzung des „guten Geschmacks", sind nur einige Punkte auf der nach oben offenen „Hau Drauf-Skala". Das ist wie im Fußball: wenn die Spieler merken, dass der Schiri alles durchgehen lässt, wird der Umgang miteinander eine Stufe ruppiger. So auch in der Podiumsdiskussion – achten Sie einmal im Fernsehen darauf.

4.2.1 Einbeziehung der Teilnehmer

Bei der Darstellung der firmeninternen Projektgespräche ist dieser Punkt nicht angesprochen worden. Wozu auch? In der Firma sind ja alle Kollegen, da kennt man sich. Das mag sich im Laufe des Projektes entwickeln, vorauszusetzen ist das in größeren Firmen und umfangreichen Projekten aber nicht. Gerade zu Beginn, beim sogenannten „Kick-Off"-Gespräch nehmen Auftraggeber, wichtige Unterauftragnehmer, die beteiligten Abteilungen und Institutionen teil. Daher kann nicht auf die „Vorstellungsrunde" verzichtet werden. Kaum zu glauben, aber schon in dieser Runde kann man viel falsch machen. Die Selbstvorstellung soll nicht in Selbstbeweihräucherung ausarten. Es genügt in der Regel der Name, die Position und die Aufgabe im Projekt. Wenn hier schon sehr ausführlich über die eigenen Kenntnisse, Fähigkeiten und Erfolge berichtet wird, fühlen sich die folgenden dann natürlich in der Pflicht da mitzuhalten oder besser noch, die Vorredner zu übertrumpfen. Diejenigen, die sich zu Beginn der Runde an die Kurzdarstellung gehalten haben, kommen sich dann wie die Dorftrottel vor. Hier ist es die Aufgabe des Moderators, auf die Kurzform hinzuweisen und vor allem auf deren Einhaltung zu bestehen. Gerade wenn viele unterschiedliche Charaktere am Tisch sitzen, ist das eine Herausforderung, die nicht zu unterschätzen ist. Und bei mehr als 20 Projektbeteiligten ist das mit der Aufmerksamkeit so eine Sache …

Hier noch einmal die Kurzform:

- Name
- Firma, Abteilung oder Institut
- Aufgabe im Projekt (Projektleitung, Controlling, Technik, Einkauf, Pressearbeit, Personal, …)
- Ggf. sehr kurz: Erfahrung aus vergleichbaren Projekten

Alles andere ergibt sich im Laufe der Kooperation.

Diese Vorstellungsrunde ist wichtig. Zunächst möchte man wissen, mit wem man es zu tun hat. Hört die Führungsetage mit, wird u. U. über die Köpfe der anwesenden entschieden, oder sind Änderungen geplant, die die Anwesenden betreffen? Bei Gesprächen im laufenden Projekt, insbesondere bei regelmäßigen Konsultationen kann dann auf diese Runde verzichtet werden.

Grundsätzlich gehört zu einer guten Vorbereitung einer Moderation die Kontaktaufnahme zu den Referenten oder Podiumsteilnehmern. In der Regel ist dieser Personenkreis bekannt, auch die Inhalte dessen, was zur Sprache kommen wird ist klar. Schlussendlich sind die Personen aus genau diesem Grund eingeladen worden. Dennoch sollte bei Gelegenheit der Kontakt zu dem Personenkreis Tage vor der Veranstaltung aufgenommen werden. Die Protagonisten haben eine eigene Erwartungshaltung und wissen auch nicht immer, wer sonst noch an der Veranstaltung teilnimmt. Es hat sich als gute und hilfreiche Maßnahme erwiesen, den Kontakt zu suchen. Bestenfalls besteht eine persönliche Bekanntschaft, sodass die Standpunkte und das berufliche Umfeld sogar bekannt sind.

Der Start der Podiumsdiskussion wurde in Abschn. 4.2 schon kurz beschrieben. Im Sinne eines schnellen Starts – Publikum und Teilnehmer sind meistens „unter Spannung" – kann und muss die erste Vorstellung kurz und knapp erfolgen. Viel spannender ist es daher, im Laufe des Gespräches auf bestimmte Punkte hinzuweisen. Wenn sich die Diskussion einem Punkt nähert, zu dem ein ganz bestimmter Teilnehmer etwas ganz spezielles beitragen kann, bietet sich die Gelegenheit, noch einmal zum Lebenslauf o. Ä. umzuschwenken. Das kann an der richtigen Stelle zur Versachlichung beitragen oder helfen, zum ursprünglichen Thema zurück zu navigieren. Insofern ist es ein Vorteil, in der ersten Runde nicht das gesamte Pulver der eigenen Kenntnisse zu verschießen. So bleibt die Vorstellung kompakt und die Zuhörer können sich merken, wer aus welchem Grund anwesend ist. Beizeiten wird mit weiteren Details angefüttert – die Teilnehmer bleiben interessiert.

4.2.2 Umgang mit Störungen

Während bei der Moderation von Präsentationen und der anschließenden Fragerunde selten Störungen in Form massiver Gegenwehr der „Fundamentalopposition" o. Ä. auftreten, ist das Risiko bei Podiumsdiskussionen ungleich größer. Eine Podiumsdiskussion zeichnet im besten Falle aus, dass Personen zu Wort kommen, deren Meinungen zu einem Thema unvereinbar sind und Kompromisse daher selten erzielt werden können.

Darüber hinaus ist ein Kompromiss auch nicht immer erstrebenswert, da jeder von der ursprünglichen Situation abweicht, die Vorgehensweise mit keiner Strategie vereinbar ist und am Ende das viel zitierte Stückwerk umgesetzt wird. Ein Kompromiss heißt in den meisten Fällen lediglich, dass alle Beteiligten unzufrieden sind, weil niemand sein Ziel erreichen konnte. Eine „gefühlte" Zufriedenheit mit dem Ergebnis liegt aber genau darin: auch der Gegner konnte seinen Standpunkt nicht durchsetzen.

Es ist auch nicht die Aufgabe eines Moderators, einen Kompromiss in der Podiumsdiskussion herbei zu führen, im Gegensatz beispielsweise zu Projektgesprächen, bei der Podiumsdiskussion kommt es unter anderem darauf an:

- die unterschiedlichen Standpunkte zu erläutern
- die Argumente für die unterschiedlichen Standpunkte darzustellen
- die Auswirkungen einer bestimmten Vorgehensweise zu beschreiben
- Strategien zur Lösung eines Problems zu zeigen. Beispiele für technische Herausforderungen (u. a. aus der Energiewende) gibt es reichlich. Auch gesellschaftspolitische Themen, wie Bildungspolitik, die Integration der Flüchtlinge usw. bieten ebenfalls Ansätze für unterschiedliche Meinungen und Vorgehensweisen und damit auch eine hervorragende Grundlage für kontroverse Diskussionen.

Selbstverständlich weichen die von den Teilnehmern vorgebrachten Argumente und Strategien inhaltlich voneinander ab. Ist das nicht so, wird aus der Diskussion ein netter Plausch, währenddessen die gleichen Argumente mit unterschiedlichen Worten vorgebracht werden – das ist dann vertane Zeit.

Was hat das nun mit Störungen zu tun? Gerade, wenn die Diskussion sehr engagiert geführt wird, reden die Teilnehmer auch dann, wenn sie nicht das Wort haben. Aufgabe des Moderators ist es dann, die permanente Einmischung nicht redeberechtigter Teilnehmer der Runde zu untersagen, und zwar deutlich. Das kann auch dadurch erfolgen, dass erst einmal komplett Ruhe eingefordert wird und alles zum Stillstand kommt. Dann können sich die Teilnehmer neu positionieren – der kollektive Adrenalinspiegel sinkt dann leicht ab. Im Sinne einer konstruktiven Diskussion ein wünschenswerter Zustand. Die im einschlägigen TV präsentierten Krawall-Runden haben eine andere Zielrichtung, Deeskalation ist dann das falsche Mittel – hier muss Öl ins Feuer – auch das will gelernt sein – ist aber nie *mein* Ziel.

Zwischenrufer Zwischenrufer agieren in der Regel aus der Deckung heraus. Meistens geschieht so etwas, weil das, was sie zu sagen haben, beleidigend oder nicht sachbezogen ist. Das ist umgangssprachlich als „Stammtischparole" bekannt. In anderen Fällen sind die Damen und Herren Zwischenrufer nicht in der Lage, ihr Anliegen sachgerecht einer größeren Menschengruppe darzulegen. Egal aus welchem Grund, diese Zwischenrufe sind vor allem störend. Der inhaltliche rote Faden, den der Moderator spinnt, wird immer wieder aufgefasert, die Argumentationsstränge der Diskussionsteilnehmer werden immer wieder unterbrochen. Der Versuch, die Zwischenrufer durch Apelle zur Raison zu bringen, scheitert meistens. Vor allem dann, wenn eine persönliche Betroffenheit das Blut in Wallung bringt. Die Bitte um ordnungsgemäße Beteiligung, verbunden mit dem Hinweis, dass das Publikum später einbezogen wird, verläuft dann im Sande. Dann beschreite ich einen für mich sehr erfolgreichen Weg: den Störern offensiv das Wort zu erteilen. Wenn es die räumliche Situation zulässt, empfehle ich das direkte Einbeziehen. Dann gehe ich zum Störer, halte ihm das Mikro vor die Nase und bitte um eine sachdienliche Argumentation. Vor allen und für alle. Das Ergebnis ist dann meist das folgende:

- Die Person, die soeben noch versucht hat, den Ablauf durch unsachgemäße Beteiligung zu „bereichern", wird sehr still. Das Verhalten ist dann sehr nachhaltig, weil weitere Zwischenrufe unterbleiben. Gleichzeitig ist diese Vorgehensweise auch abschreckend für potenzielle Nachahmer.

Oder:

- Aufgeschreckt durch die plötzliche Aufmerksamkeit des gesamten Auditoriums argumentieren die Betroffenen dann plötzlich doch sachlich und tragen so zu der Diskussion bei. Auch in diesem Falle hören die Zwischenrufe meistens auf.

Wenn beides nicht hilft, weil beleidigende und diffamierende Zwischenrufe weiter geäußert werden, muss die persönliche Ansprache erfolgen. Darin wird der Person klar gemacht, dass diese Art des Meinungsaustausches nicht sachgemäß ist und sie den Raum verlassen sollte. Diese Bitte zu gehen, rundet die Ansprache ab. Nach derart klarer Ansage habe ich schon den Vorwurf zu hören bekommen, dass es dem Moderator nicht zusteht, so mit den Zuhörern zu reden. Allerdings nur von den Betroffenen und deren Anhang. Das ist aber Unsinn, lassen sie sich an dieser Stelle nicht ins Bockshorn jagen – ich vertrete die Auffassung, dass ich als Moderator auch für den ordnungsgemäßen Ablauf der Veranstaltung mit verantwortlich bin. Dazu gehört auch eine klare, unmissverständliche und deutliche Ansprache gegenüber ungebührlichen Störern. Die große Mehrheit des Publikums ist Ihnen dankbar.

Präsentation 5

Was hat nun das Thema Präsentation in diesem Ratgeber zu suchen? Ist doch die Präsentation eine Art Heimspiel, in dem man in Personalunion sowohl Akteur als auch Regisseur ist. Die Moderation muss auf das Thema hinführen, den Vortrag zieht dann jeder wie gehabt durch. Und das ist dann schade, so geht einiges an Potenzial verloren. Insbesondere, wenn die Vortragenden den betreffenden Foliensatz schon bei unterschiedlichen Gelegenheiten präsentiert haben, besteht die Gefahr, dass sich hier eine Vortragsroutine einstellt, die auch dem Publikum nicht verborgen bleibt. Guten Rednern merkt man das nicht an – warum wohl?

Eine Präsentation hängt – wie weiter oben bereits festgestellt, nicht nur vom Inhalt, sondern wesentlich von der Person des Vortragenden ab. Auch die Position im Ablauf der Vorträge kann in die Gestaltung des eigenen Vortrags von Bedeutung sein.

Auf den ersten Tagungen ist man in der Regel froh, die Sache schnell hinter sich zu bringen. Das Auditorium ist noch nicht richtig wach, auf das Thema hat man sich noch nicht eingeschossen. Allgemein ist die Diskussionsbereitschaft noch schwach ausgeprägt. Mit zunehmender Erfahrung freut man sich jedoch über einen späteren Einstieg. Denn jetzt ist das Thema bereits in einigen Präsentationen erörtert worden, die eigene Aussage fällt jetzt auf bestellten Boden. Es hat zwischenzeitlich eine gewisse Sensibilisierung stattgefunden.

5.1 Ablauf einer Präsentation

Wie weiter oben erwähnt, sind **Moderation**skarten bei der **Moderation** von Veranstaltungen jeglicher Art ein probates Hilfsmittel. Der Grund dafür ist die Einarbeitung und der Umgang mit Personen und Themen, mit denen man bisher nur wenig bis gar nichts zu tun hatte.

© Springer Fachmedien Wiesbaden GmbH 2017
M. Reckzügel, *Moderation, Präsentation und freie Rede*, essentials,
DOI 10.1007/978-3-658-18062-1_5

Anders sieht die Sache bei Präsentationen aus, die man im Zuge eines Vortrages zu Gehör und Gesicht bringt. Hier sprechen die Fachleute. Diese Foliensätze wurden i. d. R. vom Vortragenden selber zusammengestellt oder doch zumindest inhaltlich orchestriert. Wer hier mit Karteikarten hantiert, stellt die eigene Kompetenz infrage. Das fällt immer wieder beim abschließenden Kolloquium nach Praktika oder sogar Abschlussarbeiten auf: Der Inhalt wird trotz mehrfacher und gegenteiliger Aufforderung im Vorfeld dann doch weitestgehend abgelesen. Warum sich diese Unsitte eingeschlichen hat, kann ich nicht nachvollziehen. Es gilt der Grundsatz:

▶   KEINE Karten für eine Präsentation!

Karteikarten sind meistens ein Zeichen für eine ungenügende, unprofessionelle Vorbereitung. Daher verzichten Sie bitte bei Präsentationen auf derartige Hilfsmittel. Für den ungeübten Sprecher haben diese Karten einige subjektive Vorteile. Zum Beispiel haben die Hände etwas zu tun, die Arme hängen nicht im Weg herum, man muss dem Publikum nicht in die Augen schauen, usw. Aber objektiv sind diese Dinger bei der Präsentation in der Regel ein Zeichen von Unsicherheit.

Und diese Karten haben einige weitere Nachteile: Dadurch, dass man eben dem Publikum NICHT in die Augen schaut, baut man auch keine Verbindung dazu auf. Natürlich ist das „in die Augen schauen" im übertragenden Sinne gemeint. Bei 300 Gästen in einem großen Saal fällt es schon schwer, bei den Gästen im hinteren Drittel das weiße in den Augen zu erkennen. Es geht aber um den Kontakt zum Auditorium – denn warum hält man einen Vortrag? Da fällt Ihnen sicherlich einiges zu ein, es mag auch mehrere Gründe geben – aber der wesentliche sollte doch sein: Weil man etwas zu sagen hat! Das wird aber nicht klar, wenn man sich hinter Karteikarten versteckt.

Apropos verstecken: Das geht auch hinter Rednerpulten ganz gut. Haben Sie sich schon einmal die Frage gestellt, warum diese Pulte allgemein unter „Rednerpult" bekannt geworden sind? – Weil diese Teile für Redner konzipiert worden sind. Nicht jedoch für Vortragende. Auch diese Regel kennt ihre Ausnahmen, beispielsweise dann, wenn „live" irgendwelche Rechnungen mithilfe des Laptops, Tablets oder vergleichbaren Gerätschaften vorgeführt werden sollen.

Im Allgemeinen kommt ein guter und vor allem auch nachhaltiger Kontakt zum Publikum dann zustande, wenn man sich „vorne" frei bewegt, den Blickkontakt sucht und auf das Publikum auch einmal zugeht – wenn es die räumliche Konstellation erlaubt. Zusammen gefasst also alles unterlässt, das eine Abtrennung, Abgrenzung, Distanz oder sonstige Trennung aufbaut. Karten und Pult dienen also auch dazu – wenn auch meistens eher unbewusst – eine Distanz zum Publikum aufzubauen.

Das sind in diesem Zusammenhang nicht die einzigen Fehler. Gerne wird bei Präsentationen der Sachverhalt auf dem Bild mithilfe eines Laserpointers hervorgehoben. Das ist auch in Ordnung, dagegen ist nichts einzuwenden. Im Gegenteil: So wird direkt deutlich, wovon die Rede ist, man ist als Zuhörer nicht mit dem gesamten Inhalt der Präsentation alleine gelassen. Allerdings stellt sich der Umgang mit einem Laserpointer manchmal problematisch dar. Aber: Was sollte man im Umgang mit einem Laserpointer schon falsch machen können? Ein möglicher Fehler ist, dass der Pointer schon eingeschaltet wird, wenn er noch auf das Auditorium gerichtet ist. Das kommt zugegebenermaßen doch eher selten vor – sollte aber dringend beachtet werden. Ebenso wie das Pult oder die Karten kann der Pointer auch zu einer unbewussten Distanzierung vom Publikum dienen. Dann nämlich, wenn er in der falschen Hand gehalten wird bzw. der Standort des Vortragenden falsch gewählt wird. Hier gilt, dass sich der Pointer immer in der Hand befindet, die in Richtung der Leinwand oder des Bildschirms weist. So öffnet man sich dem Publikum beim Zeigen auf die Folien. So ist man ganz sprichwörtlich dem Publikum zugeneigt. Das ist zwar eine nachvollziehbare und völlig klare Verhaltensweise, wird aber nicht immer eingehalten. – Achten Sie darauf – auch und gerade bei anderen. Die andere Variante verlangt eine fast unmögliche Drehung, wird dennoch gerne versucht.

Neuerdings fällt auf, dass viele Vortragende am Pult verharren, weil dort der Rechner mit dem Foliensatz angeschlossen wird. Es gibt eine sogenannte „Dozentenansicht" oder „Ansicht für Vortragende", die es ermöglicht, schon die nächste Folie zu sehen, während dem Publikum auf dem Beamer noch die aktuelle Folie gezeigt wird. Das ist aus folgenden Gründen aber auch nicht praktisch: Zum einen muss man sich immer hinter dem Rechner aufhalten, um diese Technik zu nutzen, zum anderen (s. o. – Karten) sollten die Vortragenden ihren Foliensatz kennen. Permanentes starren auf einen Bildschirm ist kein Zeichen guter Vorbereitung (mit den oben genannten Ausnahmen).

Eine weitere Technik, die sich in letzter Zeit ebenfalls einer größer werdenden Beliebtheit erfreut, ist der Laserpointer ohne Laserpointer, also die Markierung des zu beschreibenden Sachverhaltes durch Berührung des Bildschirms an der Stelle, auf die der Pointer sonst zeigen würde. Auf dem Großbild ist dann in der Tat ein Punkt zu sehen. Unterschied zum realen Pointer: Im Ergebnis gibt es keinen Unterschied, der Punkt zeigt dem Auditorium die wichtige Stelle. In der Vorgehensweise gibt es jedoch einen großen Unterschied – die Vortragenden, die diese Technik nutzen, stehen hinter dem Pult, dem Rechner oder sonst wo *dahinter!*

Apropos Laserpointer: Neben den genannten Randbedingungen kann es ein Vorteil sein, dass ein zunehmender Abstand zur Leinwand einen etwas größeren Punkt auf der Folie erzeugt. Interessant und viel wesentlicher ist allerdings, dass die beim Vortragenden vorhandene Nervosität mit zunehmender Distanz besser erkennbar wird. Was nicht selten zu beobachten ist: Das Zittern der Hand verursacht eine unregelmäßige Bewegung des Laserpunktes auf der Leinwand. Je größer der Abstand zwischen Pointer und Point, desto größer die Amplitude des Zitterns. Hier gilt es, hinsichtlich des Abstandes ein Optimum zu finden. Zur Gewährleistung der Publikumsnähe ist alles in allem der Einsatz eines Laserpointers mit integrierter Fernbedienung zum Folienwechsel eine gute Wahl.

Ein weiteres technisches Hilfsmittel, das Sie einsetzen sollten, sobald die Möglichkeit besteht, dass Sie nicht gehört werden, ist das Mikrofon. Scheuen Sie sich nicht, das zu nutzen. Schon oft musste ich Vorträge ertragen, bei denen (immer) DER Vortragende meinte, auf ein Mikro verzichten zu können. Das liegt an der Überschätzung der eigenen Stimme und führt dazu, das entweder nach Kräften geschrien wird oder die Hälfte der Zuhörer wenig bis nichts von dem versteht, was gesagt wird oder – noch schlimmer – beides. Ein geschriener Vortrag verliert alles, was an relevanten Inhalten vermittelt werden sollte, hat aber komödiantisches Potenzial. Eine geübte Stimme kann laut sprechen, aber geschriene Vorträge dauern meistens nicht halb so lange wie geplant, weil die Stimme nicht mitmacht. Wie dem auch sei – im Zweifel nutzen Sie bitte ein Mikro. Dann stellt sich meist die Frage, ob es ein Handmikrofon sein darf oder aber ein Headset. Oft ist nur eines von beiden verfügbar, aber wenn Sie die Wahl haben – dann haben Sie die Wahl. Ob Sie zur Nutzung des Handmikrofons tendieren oder zur Verwendung eines Headsets, die Entscheidung bleibt Ihnen überlassen. Mit zunehmender Erfahrung entwickelt sich ein Vortrag von der puren Vermittlung von Inhalten zu einem Event mit Informationscharakter. Kurzum: erfahrene, extrovertierte Vortragende nutzen häufig das Headset, alle anderen das Handmikrofon. Ein auf einem Ständer montiertes Mikro scheidet in diesem Zusammenhang komplett aus. Das Headset gibt mir Freiräume für Gestik und Mimik, die die entsprechenden Aussagen noch unterstreichen und damit in der Wahrnehmung verstärken können. Es liegt im Wesentlichen an der Art der Vermittlung – Stimme, Gestik, Haltung, … – nicht an den Inhalten, was beim Publikum hängen bleibt.

Weitere Punkte, die im Ablauf einer Präsentation zu beachten sind:

- Folien sind häufig mit Animationen versehen, um einen komplexen Sachverhalt nachvollziehbar zu entwickeln. Dann ist die Bedienung des für die Präsentation genutzten Rechners für einen reibungslosen Ablauf eine wichtige Aufgabe. Hier verweise ich auf meinen Tipp, nicht hinter dem Rechner zu stehen, sondern eine geeignete Fernbedienung zum Folienwechsel bzw. für die Animationen zu nutzen.

- Die Alternative, den im Rechner integrierten „Laserpointer" zu nutzen, ist auch i. d. R. nicht zielführend, s. o. (Des Weiteren wird nicht deutlich, welche Stelle mit „Hier sehen Sie …") gemeint ist, wenn man auf einen Bildschirm zeigt.
- Ein weiterer Nachteil des Rechners ist, dass auf den Bildschirm geschaut wird und ein Kontakt zum Publikum nur schwer möglich ist.
- Achten Sie auf Ihre Stimme: Sie wollen die Leute ansprechen, vielleicht sogar unterhalten. Daher ist der Wechsel der Sprechgeschwindigkeit und der Lautstärke ein wichtiges Maß zur Aufrechterhaltung der Aufmerksamkeit der Zuhörer. Ein monoton bei gleichbleibender Stimmlage vorgetragenes Werk ist die Vorstufe zur Hypnose. Hier verweise ich auf meine Seminare – ein Buch stößt an dieser Stelle an seine Grenzen.
- Lesen Sie die Folien nicht vor (s. Abschn. 5.2.1)
- Inhaltlich kann an dieser Stelle aufgrund der vielfältigen Themen nicht individuell eingegangen werden, wichtig sind allgemeine Fragen, wie diese:
  - Inwieweit ist das Thema dem Auditorium bekannt?
  - Welche Einführung ist in welcher Tiefe nötig?
  - Wichtig für den Vortragenden:
    Was soll bei Publikum hängen bleiben?
    Wie grenze ich mich von anderen Vorträgen ab?

5.2 Gestaltung der Folien

Die Bezeichnung „Folien" stammt wohl noch aus der Zeit, als noch echte Folien mit einem Tageslichtprojektor präsentiert wurden. Wer heute noch derartige Folien bei einem Vortrag zu einem aktuellen Thema zeigt, wird bisweilen schräg angesehen oder hat Restbestände an Farb-Tintenpatronen … Heute nennt man die per Beamer präsentierten Inhalte auch gerne „Slides", „Charts" oder noch anders. Hier bleiben wir beim Begriff der Folie.

Der Vorteil der Präsentation mit Rechner und Beamer liegt auf der Hand: Ohne Ausdruck o. ä. sind die Daten schnell und einfach zu aktualisieren, die Folien können unterschiedlich gestaltet werden, ohne dass ein neuer Ausdruck erfolgen muss usw. In den letzten Jahren wurde einige Programme zu Präsentationszwecken entwickelt und verbessert, das ist jetzt der Stand der Dinge.

Allerdings mussten auch einige Jahre vergehen, bis die Vortragenden mit dieser Technik umgehen konnten. Damit ist nicht der Umgang mit dem Rechner, Laptop oder Tablet gemeint oder etwa die Bedienung der Software. Nein, es dauerte einige Zeit, bis sich die Betroffenen auf das notwendige Maß an Darstellungsoptionen reduziert haben. Heute ist diesbezüglich ein Zustand erreicht, der es erlaubt, die Folien interessant zu gestalten, ohne diese mit Animationen zu überfrachten. War es seinerzeit ein regelrechter Wettkampf, alle möglichen Animationen sowohl für den Folienübergang als auch für einzelne Elemente oder sogar einzelne Buchstaben zu nutzen, ist heute endlich ein erträglicher Zustand erreicht.

Dennoch gibt es Einiges bei der Gestaltung zu beachten, hier einige Anmerkungen zur Gestaltung von Folien.

5.2.1   Text auf Folien

Auf Folien dargestellter Text wird häufig falsch verstanden: Da es sich um eine Präsentation handelt, wird vieles auf der „Tonspur" vermittelt, der Text darf – nein, muss – sehr knapp gehalten werden. Viel Text auf einer Folie führt zu Entgleisungen des gesamten Vortrages: Sollte der Text vom Publikum gelesen werden, hört niemand mehr zu. Die zusätzlichen oder vertiefenden Informationen gehen ins Leere. Abzuwarten, bis wirklich jeder im Saal den Text aufgenommen und verstanden hat, ist ein Ding der Unmöglichkeit.

Liest der Vortragende allerdings den Text komplett vor, handelt es sich nicht mehr um einen Vortrag, sondern um Zeitverschwendung. Dann wird wirklich nur der Text vermittelt, ohne die Chance zu nutzen, dazu weiter Stellung zu beziehen. Auch hier ist das Ergebnis eine Entkopplung von Vortragendem und dem Publikum. Es kommt der Verdacht auf, beide befänden sich nur zufällig im gleichen Raum.

Ohne Text ist allerdings auch kaum ein Vortrag möglich. Hier gilt (wie so oft):

▶   So wenig wie möglich und so viel wie nötig.

Ein gangbarer Weg ist die Darstellung von Stichpunkten, die dann weiter ausgeführt werden. Diese Stichworte sind schnell zu erfassen und öffnen den Horizont für mehr. Wenn es gelingt, mithilfe der Stichpunkte das Interesse wach zu halten und auf offene Punkte hinzuweisen, die im Folgenden geklärt werden, ist das optimal. An dieser Stelle ist auch eine Entwicklung der Folien im Laufe des Vortrags ein guter Weg, nicht sofort alle Punkte zu offenbaren, sondern den Fokus auf den jeweilig aktuellen Punkt zu lenken. So stellt man sicher, dass Publikum und Vortragender im Moment dasselbe Thema im Kopf haben. Idealerweise driftet dann niemand ab. Dazu erscheint der nächste Punkt nach Betätigung des Knopfes „nächste Folie" auf der Fernbedienung. Das ist eine sinnvolle Nutzung der Animationen innerhalb einer Folie und simples „Erscheinen" reicht hier vollkommen aus. Im gleichen Maße können die bereits besprochenen Punkte zwar auch wieder verschwinden, davon ist aber abzuraten, da die Folie am Ende unvollständig wirkt.

5.2.2 Bilder auf Folien

Die Nutzung einer Vorlage hat sich etabliert, in den meisten der gängigen Präsentations-Programmen (Apps bzw. Software) ist das die Master-Folie oder der Folienmaster. Hier sind diejenigen Informationen untergebracht, die auf jeder der zu präsentierenden Folien dargestellt werden. Üblicherweise das Logo oder der Leitspruch der Firma, die den Referenten stellt. Diese Folienmaster entsprechen dem CD (Corporate Design) des Unternehmens und werden von der Presse- oder Marketing-Abteilung entwickelt und bereit gestellt. Häufig toben sich die Verantwortlichen leider dermaßen aus, dass dem Referenten für eigene Informationen kaum Platz bleibt, insbesondere, wenn große Bilder oder Tabellen gezeigt werden sollen. Hier ist auch weniger oft mehr. Für Bilder gilt das für den Text genannte im übertragenden Sinne. Sollten komplexe Grafiken dargestellt werden, ist es sinnvoll, diese „live" zu entwickeln. Also mit einer groben Übersicht zu beginnen, in die dann sukzessive weitere Informationen eingebaut werden. Am Ende ist das Bild komplett, das Publikum konnte den Aufbau verfolgen und nachvollziehen. Wird der Vortrag an die Besucher weiter gegeben, liegt nur das endgültige Bild vor. Das setzt allerdings eine Folie voraus, die mittels Animationen vervollständigt wurde.

5.2.3 Animationen

Die Zeiten sind glücklicherweise vorbei, in denen die Zahl der Animationen mit der Qualität eines Vortrags verwechselt wurde, ein sparsamer Umgang mit Animationen hat sich durchgesetzt. Das gilt sowohl für die Animationen auf einzelnen Folien als auch für den Übergang zwischen den Folien. Das mag unter anderem daran liegen, dass die Entwicklung und der Aufbau von Animationen viel Zeit kostet. Andererseits wird beim Publikum der Eindruck der Zeitverschwendung vermittelt, wenn die Bewegung von Bildern länger dauert als die Erläuterung von Informationen dazu.

Schwierig wird es vor allem auch dann, wenn die Software gewechselt wird, weil der Veranstalter doch nicht wie zugesagt die Version oder das Programm haben, das der Vortragende bei der Entwicklung der Folien genutzt hat. Ein Ausweg kann dann sein, bereits im Vorfeld Folien mit jedem Stand der Animationen per pdf-Datei zu sichern. Das Publikum sieht dann keine Animationen, der Eindruck ist aber – bis auf die Dynamik – derselbe. Durch die Erstellung jeweils einer Folie für jeden Schritt, der ansonsten mit einer Animation dargestellt werden sollte, liegt dann allerdings eine Folie vor – aber der Tag ist gerettet. Grundsätzlich gilt, dass Animationen für die Entwicklung von komplexen Sachverhalten eine gutes Werkzeug sein können. Nur zur Show sind Animationen heute eher ein beliebtes Ärgernis.

Freie Rede 6

Hier sind zwei wesentliche Worte enthalten: „Frei" und „Rede". Achten Sie drauf: auch eine „freie Rede" ist den meisten Fällen eine „Vorlesung".

In der Regel ist es sinnvoll, sich den groben Inhalt der Rede einmal aufzuschreiben und auch weiter ins Detail einzusteigen. Die Rede sollte zwar frei sein, aber die Aufforderung „ad hoc" eine Rede frei aus der Hüfte zu halten, ist doch eher selten. Also kann und muss auch eine freie Rede geplant werden. Dass Thema ist weitestgehend klar, einige Punkte sind im Vorhinein noch zu klären. Handelt es sich z. B. um ein Grußwort bzw. eine Begrüßung, kann die Rede frei gestaltet werden.

Warum unterscheiden wir Grußwort und Begrüßung? Eine Begrüßung steht am Beginn einer Tagung, wichtig ist in diesem Falle die gesonderte Nennung der Namen derer, die als geladene Gäste erscheinen sind. Das sind meist diejenigen, die der Veranstaltung einen öffentlichen Charakter geben. In der Regel sind die regionalen Verantwortlichen aus Verwaltung und Politik hier gern genannte Personen. In der Begrüßung stellt der Veranstalter noch einmal die Inhalte der Tagung, der Konferenz o. Ä. in den Kontext einer übergeordneten Thematik und gibt eine Einleitung oder eine Übersicht zum Thema. Dazu gehört auch der Dank für das zahlreiche Erscheinen – wenn dem so ist. Der Wunsch für eine gelungene Veranstaltung rundet die Begrüßung ab. Ein Grußwort endet natürlich mit demselben Wunsch. Grußworte werden meistens von Unterstützern (reg. Gastgeber, Politik, unterstützende Firmen, etc.) gesprochen, die einen ganz eigenen Bezug zum Thema der Veranstaltung oder dem Veranstalter haben. Dieser Bezug sollte im Rahmen des Grußwortes deutlich werden.

Für eine freie Rede im Rahmen einer Veranstaltung sind mindestens zwei Faktoren wichtig: Anlass und Reihenfolge der Beiträge. Stellungnahmen zu bestimmten Themen (zu denen man als Elternteil, als Mitarbeiter, als Vereinsmitglied oder sonst wie Betroffener eingeladen wird) sind in der Regel als freie Rede

© Springer Fachmedien Wiesbaden GmbH 2017
M. Reckzügel, *Moderation, Präsentation und freie Rede*, essentials,
DOI 10.1007/978-3-658-18062-1_6

gewünscht, eine Präsentation mit Folien scheidet an dieser Stelle aus. Dennoch ist eine Einarbeitung in das Thema unumgänglich. Insbesondere deshalb, weil das Gesagte nicht mit Bildern ergänzt werden kann. Die Sprache ist hier das tragende Element. Zu einer solchen Rede gehört dann:

- eigene Vorstellung,
- Kontext, warum gerade von Ihnen diese Rede erwartet wird,
- Inhalt mit der Beschreibung des Sachverhaltes/des Problems
- Maßnahmen oder Vorschläge zum weiteren Vorgehen
- Zusammenfassung
- Dank und Verabschiedung

Soweit einige inhaltlichen Anregungen. Sollten mehrere Redner sich hier ein Stelldichein geben, ist es grundsätzlich von Vorteil, eine in der Reihenfolge hintere Position zu besetzen. Gerade in einem Auftakt zur Diskussion oder als Impulsreferat kann bereits auf die Vorredner eingegangen werden. Außerdem bleiben dem Publikum meistens die letzten Beiträge am besten im Gedächtnis.

Gerade solchen fachlichen Einstiege oder thematische Beiträge erfordern eine intensive Auseinandersetzung mit dem Thema. Die Entwicklung eines Manuskripts ist daher sinnvoll. Eine freie Rede kann daher auch von einem Redner(!)pult aus gehalten werden, das gelegentliche Ablesen ist in Ordnung und wird akzeptiert. Aber auch in diesem Falle gilt, dass die Vorlage bekannt ist und daher nicht jedes Wort abgelesen werden muss – auch bei der freien Rede ist der Blickkontakt das Maß der Dinge. Daher ist eine Kurzform oder sogar nur Stichpunkte als Vorlage für die Rede gut geeignet. Eine Rede sollte keinen statischen Charakter aufweisen. Gerade, wenn man einen hinteren Platz in der Reihenfolge der Redebeiträge innehat, besteht die Möglichkeit, auf bereits Gesagtes einzugehen – ein festes, statisches, unflexibles, festgelegtes Manuskript ist hier kontraproduktiv und unterbindet eine lebendige Diskussion.

Fazit   7

Ob Moderation, Präsentation oder freie Rede: für alle gilt, dass viele Erfahrungen selbst gemacht werden müssen, um die eigene Vorgehensweise zu optimieren. Die hier genannten Punkte können dazu beitragen, nicht in jede Falle zu tappen, die sich auf dem Wege auftut. Im stillen Kämmerlein zu üben, ist bei den hier beschriebenen Tätigkeiten kaum möglich – hier ist alles live.

Im studentischen, beruflichen oder privaten Umfeld ist die Übernahme von Referaten oder die Moderation von Besprechungen „state of the art". Diese Tätigkeiten stehen in keiner Ausschreibung, sie werden in den meisten Fällen einfach voraus gesetzt. Daher kann ich nur dazu aufrufen: Nutzen Sie – frühzeitig – jede sich bietende Möglichkeit, sich darin zu üben. In vielen Workshops oder Besprechungen müssen Ergebnisse zusammengefasst oder das in einer Gruppe erarbeitete Resultate dem gesamtem Team vorgestellt werden. Und manchmal dauert die Wahl dieser Person länger als die vorherige Diskussion. Springen Sie in diese Bresche – nutzen Sie die Möglichkeit des Übens und sammeln Sie eigene Erfahrungen. Tun Sie das so oft wie möglich.

Ein in der Öffentlichkeitsarbeit sehr erfahrener Kollege sagte einmal sinngemäß:

▶   „Wer sich entwickeln will, muss auch den Mut haben, sich zu blamieren!"

Ihnen wünsche ich bei der Vorbereitung, Gestaltung und Durchführung von Moderationen, Präsentationen und freien Reden viel Erfolg und vor allem viel Spaß.

Besuchen Sie auch www.moderationen.net.

© Springer Fachmedien Wiesbaden GmbH 2017   33
M. Reckzügel, *Moderation, Präsentation und freie Rede*, essentials,
DOI 10.1007/978-3-658-18062-1_7

Checklisten

8

8.1 Tagung

- Was ist Thema der Tagung?
- Welche ReferentInnen sind eingeladen worden?
- Besteht eine langjährige Kooperation mit ihnen?
- Ragt die Arbeit in besonderer Weise aus der Masse heraus?
- Hat der Veranstalter bereits an andere Stelle gute Erfahrungen mit den Referenten gemacht?
- Was können die Referenten zu dem in der Tagung behandelten Thema beisteuern – oder vertreten diese sogar einen gegenteiligen Standpunkt?
- Wurde der Vortrag an anderer Stelle schon einmal gehalten? (Wo und unter welcher Fragestellung?)
- Wann? (Wie alt sind die Inhalte)
- Welche zentralen Aussagen sind zu erwarten?
- Gibt es Zitate des Referenten, die die Aussage des Vortrages untermauern oder einen gegenteiligen Aspekt behandeln?
- Was erwartet der Veranstalter von dem Referenten?
- Ergibt sich im Zusammenspiel mit dem Vorgänger oder Nachfolger ein Spannungsfeld? (Werden Aussagen bestätigt oder Konterkariert?)

© Springer Fachmedien Wiesbaden GmbH 2017
M. Reckzügel, *Moderation, Präsentation und freie Rede*, essentials,
DOI 10.1007/978-3-658-18062-1_8

8.2   Podiumsdiskussion

- Warum findet die Diskussion überhaupt statt, bzw. in welchem Kontext?
- Welche Botschaft soll am Ende beim Publikum hängen bleiben?
- Welche Zielgruppe wird mit dem Thema angesprochen?
- Wer wird als Besucher erwartet bzw.:
- Ist bekannt, wer kommen wird, gibt es die Pflicht zur Anmeldung?

Sinngemäße Nutzung der Fragen aus Abschn. 8.1.

8.3   Präsentation

- Was ist das Thema der Veranstaltung?
- Ist fachliche Nähe aller Beteiligten gegeben oder bedarf es der Einleitung?
- Wer sind die anderen Vortragenden?
- Foliengestaltung (Text, Bilder, Quellen)
- Inwieweit ist das Thema dem Auditorium bekannt?
- Welche Einführung ist in welcher Tiefe nötig?
- Was soll bei Publikum hängen bleiben?
- Wie grenze ich mich von anderen Vorträgen ab?
- Sind die Animationen sinnvoll eingesetzt, der Umgang damit sparsam?

8.4   Freie Rede

- Wie erfolgt die eigene Vorstellung?
- Warum stehen gerade Sie hier?
- Welche Maßnahmen oder Vorschläge zum weiteren Vorgehen schlagen sie vor?

Was Sie aus diesem *essential* mitnehmen können

- Moderation, Präsentation und freie Rede: Passiert öfter als man glaubt.
- Moderation, Präsentation und freie Rede: Die Möglichkeit der persönlichen Gestaltung sind (fast) unbegrenzt
- Moderation, Präsentation und freie Rede muss man selbst übernehmen
- Moderation, Präsentation und freie Rede hinterlassen einen prägenden Eindruck.

© Springer Fachmedien Wiesbaden GmbH 2017
M. Reckzügel, *Moderation, Präsentation und freie Rede,* essentials,
DOI 10.1007/978-3-658-18062-1